Zeitenwende 2020

Prognose und Wegweiser zum Aufbruch in ein neues Zeitalter

© 2020 Thomas Herold

Zeitenwende 2020

Prognose und Wegweiser zum Aufbruch
in ein neues Zeitalter

Revision 1.10

© 2020 Thomas Herold

thomasherold.com

Impressum

Umschlaggestaltung, Illustration: Thomas Herold
Lektorat: Klaus Schepers
Korrektorat: Susanne Wörz

Herstellung und Verlag: BoD - Books on Demand, Norderstedt

ISBN Paperback: 9783750498617
ASIN e-Book: B08DC1G7XG

Bibliografische Information der Deutschen Nationalbibliothek:
Die Deutsche Nationalbibliothek verzeichnet diese Publikation in der Deutschen Nationalbibliografie; detaillierte bibliografische Daten sind im Internet über http://dnb.d-nb.de abrufbar.

Inhalt

Über den Autor

Thomas Herold, Jahrgang 1963, lebte bis 1997 in Freiburg im Breisgau. Er studierte Elektrotechnik mit Schwerpunkt EDV, und gründete mit 21 seine erste Firma im Bereich Softwareentwicklung.

Seine Liebe galt allerdings schon in frühen Jahren der Metaphysik, und seine Reisen durch Indien prägten seinen weiteren Werdegang. Mit seiner nächsten Firma widmete er sich der Astrologie und erstellte eines der meist verkauften Programmpakete Astro Star im Europäischen Raum.

Danach hat er sich für 20 Jahre in den USA (Hawaii & Kalifornien) angesiedelt, und veröffentlichte über 35 Bücher für den Finanzmarkt. Durch die Finanzkrise in 2008 hat er tiefe Einblicke in das Finanzgeschehen erhalten, und seinen ersten Besteller 'Money Deception' geschrieben.

Es folgte ein Finanzlexikon Serie mit 16 Titeln, die über 1000 der wichtigsten Begriffe aus dem Finanzwesen ausführlich beschreiben. Sein zuletzt publiziertes Buch 'High Credit Score Secrets' zeigt die Strategien für das Erreichen einer optimalen Kreditwürdigkeit auf.

Seit 2016 ist er wieder in Freiburg in Breisgau und schreibt metaphysische Kurzgeschichten. „Einsteins wichtigste Erkenntnis" ist seine erste Kurzgeschichte aus der Welt der Metaphysik.

Thomas Herold ist nicht nur Autor, sondern auch begeisterter Tangotänzer. Er ist Mitglied im Citizen Circle, einer Community für ortsunabhängiges Arbeiten, kreative Selbstständigkeit und persönliche Weiterentwicklung.

Weitere Informationen zum Autor und seinen Büchern gibt es unter: thomasherold.com oder auf amazon.de.

„Wer nur für die Zukunft lebt, versäumt die Gegenwart. Wer nur für die Gegenwart lebt, verbaut sich die Zukunft. Wer nur von der Vergangenheit träumt, ist in der Zukunft nicht gegenwärtig." –
Hermann Lahm (Schriftsteller und Aphoristiker)

D as Nachrichtenmagazin Spiegel hatte bereits im Mai 2019 eine äußerst witzige Karikatur auf seiner Titelseite. Dort saß ein schwarzer Adler mit überfülltem Bauch auf einem mit Gold verziertem Stuhl, und blickte mit einem zwinkerndem Auge in eine leere Sektflasche.

Der Titel der Ausgabe: *Die fetten Jahre sind vorbei[1]*.

Spätestens Ende April 2020 muss jedem klar gewesen sein, dass wir in einer außerordentlichen Krise stecken. Covid-19 diente dabei als Brandbeschleuniger für die Wirtschaft, und hat eine weltweite wirtschaftliche Brandrodung, die schon Jahre zuvor loderte, in Gang gebracht.

Was vielleicht nur wenige in 2020 sehen können, ist das Ausmaß dieser Krise. Die meisten Menschen wünschen sich nach Monaten von sozialem Entzug, enormen finanziellen Einschränkungen, und gesundheitlicher Ungewissheit wieder ein Zurück zur Normalität. Zu einer Normalität, wie wir sie vor dem globalen Corona-Ausbruch hatten, werden wir aber sicherlich nicht mehr zurückkehren.

Deutschland stand Ende 2019 bereits kurz vor einer Rezession. Für die Definition einer Rezession wird in der Regel vorausgesetzt, dass die Wirtschaftsleistung im Vergleich zu den vorherigen Perioden in mindestens zwei aufeinanderfolgenden Quartalen zurückgeht. Fast immer wird hierbei das sinkende Bruttoinlandsprodukt (BIP), als Indikator verwendet.

Wer damals bereits ein kritisches Auge auf die Autoindustrie geworfen hat, konnte sicherlich bemerken, dass Deutschland den Übergang zum Elektroauto entweder verschlafen, oder über Jahre hinweg schlichtweg ignoriert hat. Die Absatzzahlen der großen Automobilfirmen gingen schon 2019 zurück, und die ersten Autozulieferer (siehe Continental[2]) sahen bereits eine Flaute am Horizont auf sich zukommen.

Es war im Januar 1886, als Carl Benz[3] seinen Motorwagen zum Patent anmeldete, und das Jahr gilt seither als die Geburtsstunde des modernen Automobils.

Im Jahr 1897 konstruierte Rudolf Diesel den ersten Dieselmotor, der aber erst ab dem Jahr 1923 bei Lkws, und ab den 1930er-Jahren bei Pkws zum Einsatz kam, da er vorher für mobile Anwendungen noch zu schwer war.

Seitdem sind rund 100 Jahre vergangen, in dem sich die Technik des Verbrennungsmotors zwar wesentlich verbessert hat, aber das Prinzip immer noch das gleiche geblieben ist. Der Wandel vom fossilen Verbrennungsmotor zum fast lautlosen, emissionsfreien Elektromotor ist ein Indikator für eine Zeitenwende. Wer schon ein Elektroauto besitzt, oder vielleicht eines zur Probe gefahren hat, der weiß aus eigener Erfahrung, wie weit die beiden Konzepte auseinanderliegen.

Als in Deutschland der Boom bei den Elektro-Fahrrädern startete, hatte Amerika bereits die erste neue Automobilfirma für Elektroautos – keine umgebauten Benziner, sondern komplette Neuentwicklungen. Zu dieser Zeit lebte ich noch in den Staaten und rauschte lautlos mit einem Fiat 500-E den Highway entlang. Bei der Größe eines Fiat 500 können Sie sicher sein, dass Sie keine neugierigen Blicke bekommen. Was sich aber schlagartig in dem Moment ändert, wenn Sie an der Ampel durchstarten, und im Rückspiegel sehen, dass die anderen Autos immer noch stehen!

Matthias Horx[4] schreibt in seinem Beitrag 51 – Das Neue Normal: „Besteht unser eigenes Leben nicht aus einer wahren Aneinanderreihung von Krisen? Geburt, Kindheit, Pubertät, Berufsleben, Familie, Reifung, Alter – sind das nicht alles krisenhafte Ereignisse, Übergänge, Transformationen, die immer mit Schmerz und Verlust verbunden sind, wenn sie gelingen sollen? Und machen wir nicht immer die Erfahrung, dass Liebeskrisen, Berufskrisen, Orientierungskrisen dann zu einer neuen Richtung führen, wenn wir sie annehmen?"

Was ist eine Zeitenwende?

Eine Zeitenwende stellt einen Umbruch im historischen Geschehen dar. Als Beispiel sei das Buch Zeitenwende 1979 des Historikers Frank Bösch genannt. Er schreibt: „Die Welt, in der wir heute leben, nahm vor vier Jahrzehnten ihren Anfang". Er erklärt dies anhand von zehn Beispielen – von der Revolution im Iran über Margaret Thatcher bis zum Kaffee aus Nicaragua. Wie sich ausgehend vom Krisendiskurs der späten 70er-Jahre vielerorts der Wunsch nach radikaler Veränderung breitmachte.

Dies führte in Großbritannien zur Wahl von Margaret Thatcher mit ihren marktliberalen Ideen, und in Deutschland zum Aufstieg der Grünen, die von einer ökologisch verträglichen Wirtschaft träumten. Frank Bösch stellt markante Ereignisse in einen historischen Zusammenhang. Mittels dieser Wendepunkte zeigt er Entwicklungen auf, die bis in die Gegenwart reichen: die Neoliberalisierung der westlichen Welt, das Aufleben des islamischen Fundamentalismus,

Flüchtlingsbewegungen, das neue ökologische Denken, der Klimawandel, sowie Chinas Weg zur Weltmacht.

1971 beendete US-Präsident Nixon mit einem einzigen Satz[5] die geltende Geldordnung. Dieser Tag ging als ‚Nixon-Schock' in die Geschichtsbücher ein, da zum ersten Mal in der Geschichte alle relevanten Währungen der Welt von der Golddeckung entkoppelt wurden.

Mit Sicherheit kann man erst in etwa zehn Jahren eine Aussage darüber stellen, wie drastisch die jetzige Zeitenwende war. Vieles erahnen wir bereits, aber wir können uns nicht einfach zehn Jahre in die Zukunft schicken und dann auf die vergangenen Ereignisse zurückblicken.

In diesem Buch möchte ich Ihnen ein paar sehr beeindruckende, und auch aufschlussreiche Einblicke in den Bereich der Prognostik geben. Sie werden dadurch weitaus besser verstehen, weshalb bis ins Jahr 2025 massive globale Veränderungen auf uns zukommen werden. Diese Neugestaltung wird soziale, wirtschaftliche und auch die politische Ebene betreffen. Kollektive Veränderungen, auch Paradigmenwandel, wie wir sie bald sehen werden, hat es bereits unzählige Male in der Geschichte der Menschheit gegeben. Vieles davon wird demnächst die Presse berichten, aber es wird auch Veränderungen geben, die sich lautlos und fast unsichtbar einschleichen. Diesen subtilen Veränderungen sollten Sie eine extra Portion Aufmerksamkeit widmen.

Um kollektive Veränderungen besser zu verstehen und damit umzugehen, hat der Mensch schon seit jeher verschiedene Methoden der Prognostik benutzt. Prognostik bedeutet, dass wir uns Mittel und Instrumente bedienen, welche zeitlich wiederkehrende Zusammenhänge aufzeigen und verdeutlichen. Wir können uns damit auf kommende Veränderungen besser einstellen und Fehlverhalten vermeiden.

Denken Sie an Menschen, die vor Jahrtausenden nichts anderes zur Verfügung hatten, als den Stand der Sonne und die Jahreszeiten. Sie mussten die Saat im Frühjahr zum richtigen Zeitpunkt ausbringen, um im Herbst eine ertragreiche Ernte einzubringen. Eine Woche zu früh oder zu spät konnte über Leben und Tod eines Dorfes, sogar eines Volkes entscheiden. Der Mensch war davon abhängig, die Zusammenhänge der Natur richtig zu erkennen und danach zu handeln, um sich ein gesundes und glückliches Leben zu ermöglichen.

Der Mensch und seine Methoden der Prognostik

Ein großer Teil menschlicher Handlungen und Entscheidungen basiert auf Annahmen über die Zukunft. Der Mensch versucht durch Intuition, Inspiration und Kreativität die Zukunft vorauszusehen, um sein Leben zu sichern und auf etwaige Naturkatastrophen besser vorbereitet zu sein.

Seit tausenden von Jahren schon versucht er in das innere Wesen der Welt durch magische und wissenschaftliche Prognosemethoden einzudringen. Früher waren es die Stimmen der Geister oder göttliche Visionen, die sich in einem Trancezustand offenbarten.

Seit dem neunzehnten Jahrhundert geht der moderne Mensch den wissenschaftlichen Weg durch Experimente und Messungen. Er sucht nach Indikatoren und Kennzahlen, mathematischen Zyklen und immer komplexeren, abstrakten Modellen um das weltliche Geschehen zu begreifen. Letztendlich versucht er aus dem unverstandenen Chaos des Lebens eine Ordnung abzuleiten.

Die Frage, ob und wie das jemals möglich sein wird, soll nicht Inhalt dieses Artikels sein, als vielmehr der Versuch durch bestehende Prognosemethoden eine erweiterte Sichtweise zum aktuellen Zeitgeschehen zu ermöglichen. Wer sich eingehender mit dem Thema befassen möchte, dem empfehle ich die dreiteilige Buchserie Prognostik[6] von Christof Niederwieser.

Der Mensch versucht durch künstliche Methoden die stoffliche Welt im Geiste nachzubauen.

Zu Beginn schauen wir uns die frühzeitlichen Methoden der mystischen und magischen Zukunftsschau genauer an. Danach folgen Wahrsagekalender und Kalenderprognostik wie die der Mayas und Azteken.

Weiter geht es mit den Studien von Wirtschaftszyklen, Weltklima und Wetterzyklen, bis wir uns genauer mit den Archetypen und der Astrologie auseinandersetzen. Sie werden verblüfft sein, welche außerordentlichen Einsichten und Erkenntnisse diese Prognosemethoden zutage bringen können.

Das 5000 Jahre alte chinesische I-Ging

Das I-Ging[7] (Buch der Wandlungen) ist ein rund 5000 Jahre alter chinesischer Text, der sich mit dem Prinzip der Veränderung beschäftigt und alles Existierende in 64 komplexen Bildern, sogenannten Hexagrammen, beschreibt. Die Verknüpfung aus Handbuch und Wahrsagung in diesem philosophischen Werk gehört zu den bekanntesten klassischen Werken der chinesischen Geistesgeschichte. Es hat eine enge Beziehung zum Daoismus so wie dem Konfuzianismus, und besitzt in der chinesischen Medizin seinen eigenen Platz. Seit der ersten deutschen Übersetzung durch Richard Wilhelm[8] zählt es zu den bekanntesten Werken östlicher Philosophie und Wahrsagekunst.

Das gesamte Weltgeschehen wird auf 64 einzelne Stadien reduziert, welche nicht statisch betrachtet werden, sondern als ein Prozess des ständigen Wandels. Bereits die Veränderung einer einzigen Linie ergibt ein völlig neues Hexagramm.

Theoretisch birgt jedes einzelne Hexagramm die Möglichkeit zur Verwandlung in eines der anderen 63 Hexagramme. Dadurch entstehen 64 mal 64 verschiedene, folglich 4096 Möglichkeiten.

So repräsentiert die Zahl 64 eine Schlüsselposition, wie sie zum Beispiel im Schachspiel mit seinen 64 Feldern abgebildet wird. Auch der Schlüssel zum Leben selbst, der genetische Code, zeichnet sich durch 64 Möglichkeiten aus. Denn alle genetischen Informationen werden durch vier Basen (Adenin, Thymin, Guanin und Cytosin) zum Ausdruck gebracht, wobei jeweils eine Dreiergruppe von aufeinanderfolgenden Basen – ein Basentriplett – eine Aminosäure kodiert.

Das I-Ging stellt deshalb auch eine höhere Ordnung dar, welche das Leben eines jeden Individuums, sowie das gesamte Weltgeschehen durchzieht. Daher ist es sowohl Ausdruck der Gesamtheit als auch der Vollkommenheit des Kosmos selbst.

Das I-Ging trifft niemals eine konkrete Aussage darüber, was tatsächlich passieren wird. Es zeigt vielmehr die Qualität der gegenwärtigen Situation, und weist auf Möglichkeiten hin, die sich aus dem gegenwärtigen Moment entwickeln können.

Das Tarot – Spiegel der Seele

Das Tarot ist ein aus 78 Karten bestehender Spielkartensatz[9], der in aller Regel dazu verwendet wird Zukunftsvorhersagen zu treffen. Er gliedert sich in die großen Arkana, bei denen es sich um 22 nummerierte Trümpfe, und die kleinen Arkana, bei denen es sich um 56 Farbkarten handelt. Zu den Farbkarten zählen zehn Zahlenkarten sowie vier Bildkarten in jeweils vier Farben – Münzen, Schwerter, Stäbe und Kelche.

Dem französischen Mystiker Papus[10] zufolge entstand das Tarot im Alten Ägypten. Die Legende besagt, dass die Weisen des Landes sich beraten haben, weil sie das Reich, vor allem aber sein jahrtausendealtes Wissen vor der Zerstörung durch eine nahende Bedrohung beschützen wollten. Schließlich einigten sie sich darauf, das umfangreiche Wissen in Bildform auf Spielkarten festzuhalten, die dem Volk übergeben werden sollten.

Der Kartenleger begibt sich dabei in einen Zustand, der von der sinnlich wahrnehmbaren Welt abgekoppelt ist. Dadurch ist es möglich einen Einblick in eine Wirklichkeit zu gewähren, die sich hinter der sichtbaren Wirklichkeit verbirgt. Zahlenmystik, Alchemie und Mythologie sind wichtige Bestandteile einer Interpretation. Um aus dem Tarotdeck die Zukunft zu lesen, bedarf es einer besonderen Fähigkeit, welche durch eine individuellen geistige Verbindung des Mediums zu einer übergeordneten Wirklichkeit geschaffen wird.

Die Aussagen entziehen sich, wie beim I-Ging auch, den wissenschaftlichen und empirischen Anforderungen einer allgemeinen Nachvollziehbarkeit und Beweisführung. Deswegen ist diese Methode nicht für den Einzelnen nachvollziehbar und aussagekräftig. Ich habe sie hier nur der Vollständigkeit halber erwähnt.

Der Maya Kalender – Eine Schöpfungsgeschichte

Die Maya waren vom Thema Zeit regelrecht besessen, und versuchten mit allen erdenklichen Mitteln den Code der Zeit zu entschlüsseln. Wie in keiner anderen Hochkultur stand das Thema Zeit im Zentrum aller Aktivitäten.

In einem Ort namens Koba hat man in den späten 40er-Jahren einen höchst interessanten Stein gefunden. Die Archäologen fanden ihn mit dem Gesicht nach unten im Dschungel liegen. Als sie ihn aufrichteten, fanden sie eingemeißelte Zeichen, welche mithilfe von Computern entschlüsselt wurden.

Was dieser Stein wiedergab, war die Struktur des Maya-Kalenders. Carl Johann Calleman[11] gilt als einer der herausragendsten Pioniere und Übersetzer des Maya-Kalenders, und war 1979 selbst in Mexiko und Guatemala.

Der Maya-Kalender hat, wie fast alle Pyramiden, neun verschiedene Stufen. Jede dieser neun Stufen, auch Perioden genannt, ist unterteilt in 13 unterschiedliche Bereiche. Diese entsprechen, wie im Buch Genesis im alten Testament, sieben Tage und sechs Nächte für jede dieser Schöpfungsstufen.

Jeder dieser 13 Bereiche hat eine spezielle Intention in der Schöpfung, und diese Absicht setzt sich durch das gesamte System fort.

Die allererste Periode – sie wurde vor ca. 2500 Jahren in diesen Felsbrocken eingemeißelt – begann vor 16,4 Milliarden Jahren. Das kommt dem kosmologischen Standardmodell, welches den Urknall auf etwa 13,8 Milliarden datiert, sehr nahe.

Der nächste Zyklus, der in den Felsstein eingraviert war, fing vor 820 Millionen Jahren an. Danach folgte der nächste Zyklus mit 41 Millionen Jahren.

Wie Sie erkennen, werden die einzelnen Zyklen immer kürzer. Der letzte Zyklus fing am 10.2.2011 an und endete am 28.10.2011. Dieses Datum weicht allerdings um etwa zwei Monate gegenüber dem traditionellen Enddatum des Maya-Kalenders ab.

In jedem dieser Zyklen beschreibt der Maya-Forscher Ian Lungold[12] die beeindruckenden Parallelen zu den allgemeingültigen, wissenschaftlichen Auswertungen der heutigen Archäologie.

- Zellular-Zyklus vor 16,4 Milliarden Jahren
- Säugetier-Zyklus vor 820 Millionen Jahren
- Familien-Zyklus vor 41 Millionen Jahren
- Stammes-Zyklus vor 2 Millionen Jahren
- Kultur-Zyklus vor 102.000 Jahren
- Nationen-Zyklus – 3115 v. Chr.
- Planetarisches Bewusstsein – 1755 n. Chr.
- Galaktisches Bewusstsein – 5.1.1999 n. Chr.
- Universelles Bewusstsein – 10.2.2011 n. Chr.

Neben der Beobachtung von Sonne, Mond, Venus und anderen Gestirnen, gibt es zwei unterschiedliche Kalender, die aber dennoch ineinander greifen. Das Zahlensystem der Maya beruht nicht wie unser heutiges auf dem Dezimalsystem der zehn, sondern auf der Zahl zwanzig.

Daraus entwickelte sich der Haab-Kalender basierend auf dem Sonnenstand und mit einer Länge von 365 Tagen. Dieser Kalender wurde in 18 Monate zu je 20 Tagen gegliedert. Da die Erde 365 Tage benötigt, um einmal die Sonne zu umrunden, fehlten also fünf Tage. Diese wurden extra gezählt und galten als Schalttage.

Der ursprüngliche Sinn und Zweck des Haab-Kalenders war die Vorhersage immer wiederkehrender Ereignisse, die im Leben der Maya eine Rolle spielten, und diese in die Planung des täglichen Lebens einzubeziehen.

Neben dem Haab-Kalender hatten die Maya einen zweiten Kalender in Gebrauch, der unter dem Namen Tzolkin bekannt ist. Der Tzolkin besteht aus zwei unterschiedlichen Zyklen, die in Kombination miteinander einen einzelnen Tag beschreiben. Es wurden dazu zwei Listen miteinander verknüpft: die Zahlen 1 bis 13 und die Namen der 20 Tage.

Durch die Multiplikation von 13 mal 20 ergibt sich die Länge eines festgelegten Jahres von 260 Tagen. Danach beginnt wieder ein neues Jahr. Der Tzolin wurde benutzt um die Qualität eines Tages, einer Woche, eines Jahres, etc. zu bestimmen – ähnlich wie der chinesische Kalender.

Damit beinhaltet der Tag der Geburt ein dynamisches Potenzial, welches ein Leben lang erhalten bleibt – Eine Grundausstattung entsprechend einer Vorlage wie wir sie bei technischen Zeichnungen in der Architektur finden. Wie eine Art Werkzeugkasten hat somit jeder Mensch eine andere Ausrüstung um seinen Lebensweg zu beschreiten.

Beide Kalender wurden aber auch in Kombination verwendet. Dazu wurden Haab und Tzolkin wie zwei ineinander verschränkte Zahnräder gegeneinander gedreht und die jeweiligen Kalendereinträge miteinander kombiniert.

Da die beiden Zyklen der Kalender unterschiedliche Längen haben, ergibt die Kombination aus den beiden Kalendersystemen eindeutige Tagesbezeichnungen.

Diese wiederholen sich erst wieder nach Ablauf von 52 Jahren. Um auch längere Zeiträume über mehrere Generationen zu dokumentieren, haben die Maya zusätzlich die lange Zählung eingeführt. Zu diesem Zweck fügte man zusätzliche Einheiten hinzu, und notierte damit die gesamte Zeit, die seit dem Tag der Schöpfung vergangen war.

Dies entspricht in etwa unserer Einteilung in Jahrhunderte oder Jahrtausende, wobei sich durch die unterschiedlichen Längen der einzelnen Kalender völlig andere Zeiteinheiten ergaben.

2012 – Nicht das Ende der Welt, sondern ein Neuanfang

Das Baktun, welches insgesamt 144.000 Tage umfasste, war die größte Zähleinheit der Maya. Der weitverbreitete Glaube von der Apokalypse der Welt, den die Presse schon ab dem Jahr 2005 postulierte, basierte auf der Überzeugung, dass der Maya-Kalender nach Beendigung der 13 Baktune zu Ende geht. Ausgehend vom Beginn des Kalenders im Jahr 3114 v. Chr. ist das 13. Baktun am 22.12.2012 beendet. Die Maya gingen allerdings nicht vom Untergang der Welt am 22.12.2012 aus.

Hier zeigte sich wieder einmal deutlich, wie ein herausragendes Prognosesystem für den Bewusstseinswandel der Menschheit von der einschlägigen Presse zur Hollywood Show niedergemacht wurde.

Hier war einfach nur ein Zyklus des Baktun zu Ende, was ungefähr alle 5128 Jahre der Fall ist. Die Zählweise beginnt danach von vorne, allerdings breitet sich das Zeitgeschehen auf einer bewussteren Ebene aus.

Die Unterstützung, die der Maya-Kalender anbietet, liegt in dem Erkennen von rhythmischen Gesetzen und eigenen Resonanzen in einem gerade laufenden Zyklus. Jeder Entwicklungszyklus hat sein eigenes energetisches Muster, welches sich auf allen Ebenen des Daseins manifestiert. Es beeinflusst sowohl das Denken und Fühlen, als auch unsere Handlungen.

Seit dem Jahr 2012 geht es darum, dass der Mensch ein intensiveres Bewusstsein entwickelt, in dem er die kollektive Verbundenheit mit seiner Umwelt besser versteht, und dadurch weniger gegen, als mit der Natur lebt. Der kosmische Plan wurde von den Mayas so gut erfasst, dass wir bis heute daraus schöpfen können, was wir für unser alltägliches Leben, unsere Weiterentwicklung und Selbstheilung brauchen.

Da alles miteinander verbunden ist, ist es besonders wichtig zu verstehen, dass wir selbst für unser Leben verantwortlich sind. Das hört sich einfach an, aber wir sind noch weit davon entfernt.

„Unser Kalender hat nur damit zu tun, dass unsere kleine Erde sich um das kleine Licht dreht, das wir Sonne nennen, in einem Meer von hundert Milliarden Sternen in dieser einen von hundert Milliarden Galaxien im Universum." - Carl Johann Calleman (Mayanist)

Wer sich intensiver mit dem Kalender und dem Zahlensystem befassen möchte, der findet eine kurze und einfache Einführung von Christian Schön auf seiner Webseite Amazing Temples[13]. Wer gerne etwas mehr über die Zahlenlehre und die inhaltlichen Aspekte der Kalender wissen möchte, dem empfehle ich die Einführung von Heike Sabine Sicurella[14].

Nach dem Untergang der Maya-Kultur wurde das Kalendersystem nahezu vollständig von den Azteken übernommen. Die Maya sind übrigens nicht ausgelöscht, es gibt noch etwa acht Millionen von ihnen, die in Guatemala und auf der Halbinsel Yucatan in Mexiko leben. Allerdings folgen die meisten von Ihnen nicht mehr ihren alten Traditionen.

Der Ab- und Aufschwung von Wirtschaftszyklen

Die Geschichte der Wirtschaftszyklen begann in den 1830er-Jahren als der Journalist und Ökonom John Wade (1788-1875) den Begriff ‚Commercial Cycle' verwendete. Aber erst um 1860 wurde vom britischen Ökonomen William Stanley Jevons (1835-1882) durch systematische Forschung eine Basis für wirtschaftliche Kreisläufe gelegt. Jevons entdeckte einen Rhythmus von zehn bis elf Jahren für Wirtschaftskrisen, die er mit Schwankungen der Sonnenflecken in Zusammenhang brachte.

Einer der bis heute bekanntesten Konjunkturzyklen wurde vom russischen Ökonom Nikolai Kondratieff (1892-1938) entdeckt. Ihm gelang ein empirischer Nachweis für einen Zyklus von 40 bis 60 Jahren. Wobei er feststellte, dass zu jedem Beginn eines Zyklus eine technische Innovation stattfand, welche die Märkte revolutionierte.

Denken Sie an die industrielle Revolution, die mit der Erfindung der Dampfmaschine und dem mechanischen Webstuhl ihren Weg begann. Ein weiterer Zyklus leitete die Dampflokomotive, die Turbine und den Telegrafen ein. Um das Jahr 1890 startete ein neuer Zyklus, der sich auf die massenhafte Ausbreitung und Anwendung der Elektrizität stützte.

Ab dem Jahr 1940 war es der Automobilsektor und das Thema individuelle Mobilität, die den nächsten Zyklus einläuteten.

Ein weiterer Zyklus startete um das Jahr 1980, als der Personal Computer mit MS-DOS und Windows massentauglich wurde. Der Astrologe und Prognostiker Christof Niederwieser hat in seinem Buch Prognostik – Trends und Zyklen[15] die Arbeit von Kondratieff mithilfe einer Datenbank von über 5.000 Ereignissen überprüft. Tatsächlich stimmen diese erstaunlich genau mit den Eckpunkten von Kondratieff überein. Diese zeigen letztendlich nicht nur Wirtschaftszyklen auf, sondern auch große Paradigmenwechsel der Gesellschaft.

Die Zahlen hinter den Namen der Zyklen in der nachfolgenden Tabelle markieren jeweils den Höhe- oder Wendepunkt.

- Aufklärung (1756)
- Liberalismus (1816)
- Kapitalismus (1873)
- Konsumgesellschaft (1929)
- Wissensgesellschaft (2010)

Zyklen finden wir auch in der Börse und der Politik. In der Börsenprognostik werden Zyklen durch mathematische Modelle als Basis für Algorithmen verwendet, um leistungsfähige Computer zu programmieren, welche in Bruchteilen von Sekunden Millionen von Daten analysieren, auswerten und Kauf- oder Verkaufsentscheidungen treffen.

Einer der ersten Algorithmen, die man an der Börse benutzt hatte, waren die ‚Elliot-Waves'. Erfunden hat sie der amerikanische Buchhalter Ralph Nelson Elliot (1871-1948). Elliot studierte Kursverläufe des amerikanischen Aktienhandels, und entdeckte, dass die Kurse einem wiederkehrenden Muster folgen. Eine Art fraktale Verknüpfung, die auf der ‚Fibonacci-Reihe' beruht, und von Leonardo Fibonacci[16], einem der bedeutendsten Mathematiker des Mittelalters, entdeckt wurde.

Dieses Muster findet sich in kleinen, mittleren, und auch großen Zeitabläufen von Börsenkursen. Das Fibonacci Muster findet sich übrigens überall in der Natur, in der Struktur der DNA, oder in der Gestalt von Wasserwirbeln und Galaxiespiralen.

Von der Mikrobiologie zu den Weltgesetzen

Raoul Heinrich Francé[17] (1874-1943), war in vielen seiner Erkenntnisse seiner Zeit voraus, und wird deshalb oft als Universalgenie bezeichnet. Francé war Botaniker und Mikrobiologe, die Biologie betrachtete er als die Grundlage der Wissenschaft. Er erkannte, dass viele Prinzipien menschlicher Erfindungen im Tier- und Pflanzenreich schon vorhanden sind, und dass daher technische Probleme durch Erforschung und Anwendung biologischer Vorbilder zu lösen sind.

Trotz Francés Begeisterung für die Biotechnik und die vielfachen Anwendungsgebiete, die darin liegen, fanden seine Ideen keine weite öffentliche Zustimmung. Viele Jahre später allerdings, unabhängig von Francés Ideen, wurde die Bionik in den USA begründet. Francé gilt daher auch als Begründer der Biotechnik, dem wissenschaftliche Forschungszweig Mimesis, und der Baubionik.

Mit 42 Jahren fasste Francé den Entschluss mit der Hilfe seiner Bücher eine Lebenslehre zu schaffen. Sein Bestreben war es, dem Menschen eine Lebenshilfe zur Verfügung zu stellen, um Harmonie und Glück zu fördern. Diese Lebenslehre veröffentlichte er in einer Zeit des weltweiten aufstrebenden Materialismus, bei dem das Welt- und Wissensbild bereits zunehmend von Naturwissenschaft und Fortschrittsglaube dominiert war.

Die Biotechnik, heute schlicht Bionik genannt, bezeichnet eine Wissenschaft, die Analogien zwischen natürlichen und technischen Systemen erforscht. Mit ihrer Hilfe können technische Probleme durch Vorbilder in der Natur gelöst werden. Auch die Mimesis[18], ursprünglich das Vermögen, mittels einer Geste eine Wirkung zu erzielen, basiert auf der Nachahmung der Natur. Fast alle Erfindungen sind entweder direkt oder indirekt von der Natur inspiriert oder abgeleitet.

Für Francé ist alles Leben Gesetzen und Kreisläufen unterworfen, in die sich der Mensch einordnen muss. In seinem Buch ‚Das Buch des Lebens'[19], schrieb er schon 1924: „Die Menschen können Flüsse durch Abwässer vergiften, die Luft durch Rauch und Abgase unatembar machen, aber sie können die Naturgesetze nicht zerstören, ohne selbst zerstört zu werden." Im Laufe seines arbeitsreichen, und von vielen Reisen und Ortswechseln geprägten Lebens, publizierte er 60 Bücher und eine beachtliche Anzahl von populärwissenschaftlichen Artikeln und Schriften.

Francés Lebenslehre basiert auf seinen jahrelangen Naturstudien. Er ging von der Tatsache aus, dass pflanzliche und tierische Organismen einen einzigartigen lebenserhaltenden Ausgleich gefunden haben. Deswegen verwendete er die Natur als soziologisches, biologisches, technisches, architektonisches und organisatorisches Gesamtbeispiel für seine Arbeit.

Basierend darauf versuchte er eine allgemeingültige ‚Weltformel‘ abzuleiten, die er in dem Satz ausdrückte: „Die Welt als Ganzes ist ein Gleichgewichtssystem, das durch Kreisläufe in zahllosen Prozessen seinen Ausgleich und damit seine Dauer findet."

Er beschränkte seine Aussagen auf das mit den Sinnen erfahrbare und der Vernunft einsichtige Wissen. Zentraler Punkt seiner Lehre ist die göttliche Harmonie. Sie war für ihn nicht nur das Ziel aller irdisch-kosmischen Abläufe, sondern auch aller menschlichen Ordnungen. Um diese übergeordnete Harmonie zu erreichen, sind permanente Ausgleiche im Leben notwendig.

France fand insgesamt sieben Weltgesetze, und ihre Allgemeingültigkeit ist im Hauptwerk Bios[20] – Die Gesetze der Welt" (erschienen 1921) anhand zahlreicher Beispiele erläutert und bewiesen.

- Funktionalität
- Entität
- Ökonomie
- Harmonie
- Selektion
- Optimum
- Integration

Bitte merken Sie sich diese sieben Weltgesetze. Wir werden sie nochmals in einer anderen Prognosemethode finden, und die Übereinstimmungen werden Sie wahrscheinlich überaus erstaunlich finden. Mir ging es jedenfalls so, als ich den Zusammenhang zwischen den beiden Systemen das erste Mal begriff.

Von der Physiologie zur Allgemeinen Systemtheorie

Karl Ludwig von Bertalanffy (1901-1972) war einer der bedeutendsten theoretischen Biologen und Systemtheoretiker des 20. Jahrhunderts. Ich weiß nicht, ob er die Bücher von Francé studierte, aber die Parallelen der beiden finde ich beeindruckend, und deswegen möchte ich sie hier erwähnen.

Bertalanffy beschäftigte sich mit den Themen Physiologie und Krebsforschung sowie der Biophysik offener Systeme. Er verfasste eine ‚Allgemeine Systemtheorie' auf der Basis des methodischen Holismus[21]. Gemeinsame Gesetzmäßigkeiten in physikalischen, biologischen und sozialen Systemen zu finden und zu formalisieren war seine Absicht.

Prinzipien, die in einer Klasse von Systemen gefunden werden, sollen auch auf andere Systeme anwendbar sein. Diese Prinzipien sind zum Beispiel: Komplexität, Gleichgewicht, Rückkopplung und Selbstorganisation. Er entdeckte, dass das Leben von Prinzipien geregelt wird, die nicht nur auf biologische Abläufe zutreffen, sondern auch auf alle sog. selbstorganisierenden Systeme[22], wie z.B. eine intelligente Datenbank.

Ein Beispiel hierfür ist die etwa 3000 Jahre alte Chinesische Medizin. Sie ist in ihren Grundprinzipien eine funktionale und holistische Wissenschaft, die sich nicht nur auf Abläufe, sondern auch auf Lebensfunktionen von biologischen oder psychischen Ereignissen stützt. Während sich die westliche Medizin an auftretenden Krankheitssymptomen an den betreffenden Organen orientiert, betrachtet die traditionelle chinesische Medizin den Menschen als eine Ganzheit. Das Zusammenspiel der einzelnen Organsysteme und ein ausgeglichener Energiefluss über Energiebahnen stehen dort im Mittelpunkt von Diagnose und Heilung.

So steht z.B. der Funktionskreislauf der Leber in Zusammenhang mit Ärger, Frustration und Zorn, Blockaden und Schmerzen im Bewegungsapparat, depressive Verstimmungen, Schmerzen im Zwerchfell und Unterbauch, PMS, Sehstörungen, und Migräne. Die Chinesische Medizin ist deshalb ein eigenständiges und kohärentes medizinisches System, das sich durch die Art der wahrnehmenden Beobachtung und des einordnenden Denkens von der westlichen Schulmedizin unterscheidet.

Jetzt fragen Sie sich wahrscheinlich was Systemtheorie, Biologie und Holismus mit Prognosemethoden zu tun haben?

Deswegen kommen wir nun zur Astrologie, weil sie alle bisher beschrieben Systeme und Gesetzmäßigkeiten vereint. Zu den Eigenschaften selbstorganisierender Systeme gehört z. B. die in der Astrologie dem Mars zugeordnete Tendenz, sich im Wettbewerb gegen andere durchzusetzen. Aber bevor wir tiefer einsteigen, und mit dem letzten Puzzleteil das ganze Bild erkennen werden, lassen sie uns kurz auf die Anfänge der Astrologie eingehen.

Ist die Astrologie eine geeignete Prognosemethode?

Sonne und Mond waren schon seit Jahrtausenden die Grundlage der meisten Kalender. Aber es gab noch fünf andere Himmelskörper, die mit bloßem Auge zu beobachten waren. Der Ursprung der Astrologie findet sich im 3. Jahrtausend v. Chr. in Mesopotamien. Aber erst im 8. Jahrhundert v. Chr. wurden die Bewegungen der sichtbaren Himmelskörper langsam zur Astronomie, und etwa 600 v. Chr. teilten die Babylonier den Planetenlauf in zwölf Abschnitte – die Tierkreiszeichen. Damit waren die Grundlagen für die Astrologie gelegt.

Heute wird dieser als siderischer Tierkreis bezeichnet (zwölf Sternbilder am Himmel), welcher sich vom tropischen Tierkreis[23] (zwölf Tierkreiszeichen) unterscheidet. Der tropische Tierkreis ist die Berechnungsbasis eines Horoskops, da er im Vergleich zu den Sternbildern immer konstant ist. Es ist ein begrifflicher Messkreis, der sich auf den Lauf der Sonne durch das Jahr bezieht. Beginnend am Frühlingspunkt, dem Schnittpunkt zwischen Ekliptik und Himmelsäquator.

In der Renaissance gelangte die Astrologie zur Hochblüte. Herausragende Forscher beschäftigten sich mit ihr, darunter auch Paracelsus (1493-1541), Nostradamus (1503-1566) und Johannes Kepler (1571-1630). In der zweiten Hälfte des 17. Jahrhunderts versank die Astrologie fast in die Bedeutungslosigkeit.

Europa war vom Geist der Objektivität und der Vernunft ergriffen, und der Glaube an den Einfluss einer ‚höheren Ordnung‘ stellte das Denkmodell der Vergangenheit dar. Um die Jahrtausendwende gelangte die Astrologie wieder vermehrt in den deutschsprachigen Raum. Alfred Witte hatte im Ersten Weltkrieg tausende von Horoskope berechnet und fand Hinweise auf noch nicht entdeckte Wirkungspunkte jenseits von Neptun. Durch die Erfindung der Halbsummen[24] konnte er wesentlich detailliertere Aussagen vornehmen, und präsentierte 1919 seine Erkenntnisse als Hamburger Schule[25].

Reinholt Ebertin war einer der bekanntesten Astrologen des 20. Jahrhunderts. Er gründete 1928 den Ebertin Verlag, und machte sich mit der Ebertin-Methode, später auch Kosmobiologie genannt, einen Namen. Die Zeit des Dritten Reiches war für die Astrologie eine Katastrophe. Thomas Ring[26] entkam nur knapp der Deportation und war der Begründer der ‚Revidierten Astrologie‘.

Über einen Zeitraum von sechs Jahrzehnten entwickelte er aus verschiedenen Strukturebenen der traditionellen Astrologie eine umfassende Menschenkunde. Diese integriert vor allem Ergebnisse der modernen biologischen und psychologischen Forschung. Viele seiner Bücher sind Klassiker, insbesondere sein Buch: ‚Unser Sonnensystem – ein Organismus‘. Er differenzierte seine Aussagen in drei Bereiche: Erbanlagen, Horoskop und Umwelteinflüsse. Damit war der Allmachtsanspruch der Astrologie, die bisher einen Hang zum starren Determinismus hatte, endgültig gelöst.

Nach dem Zweiten Weltkrieg gründete Wolfgang Döbereiner (1914-2010) die Münchner Rhythmenlehre[27], und wurde zu einem der angesagtesten Astrologen. Er beschäftigte sich mit ‚Gruppenschicksalspunkten‘, Astro-Homöopathie, und Astrogeografie. Sein Werk hatte großen Einfluss auf die Psychotherapeuten Thorwald Dethlefsen und Rüdiger Dahlke.

In den 1980er Jahren boomte die Psychologie und wurde in die astrologische Prognose miteinbezogen. Es stellte eine Abkehr von der Suche nach exakten Gleichungen zur Berechnung des Schicksals dar, und integrierte die Seele und Ihr Potenzial als Abbild eines Horoskops. Führend auf diesem Gebiet war der Schweizer Psychoanalytiker Carl Gustav Jung. Seine Lehre über die Archetypen und das Synchronisationsprinzip sind heute ein fester Bestandteil der Astrologie.

Der Astrologe Claude Weiss gründete 1978 die AstroData AG[28], und verhalf damit der Psychologischen Astrologie zum Durchbruch bei den Computerhoroskopen.

Besteht ein Zusammenhang zwischen kosmischen und irdischen Vorgängen?

P eter Niehenke schreibt in seinem Buch: Astrologie, eine Einführung[29]: „Astrologie ist, in allgemeinster Form ausgedrückt, die Deutung räumlicher Verhältnisse und zeitlicher Abläufe in unserem Sonnensystem. Sie basiert auf der Grundannahme, dass die sich aus solchen Verhältnissen ergebenden Rhythmen in Zusammenhang stehen mit physikalischen, biologischen und psychischen Abläufen in Organismen auf der Erde." Niehenke war von 1981 bis 1991 erster Vorsitzender des Deutschen Astrologen-Verbandes. Im Jahr 1987 promovierte er mit seiner Studie ‚Kritische Astrologie'.

Dass eine Dissertation zu einem grenz- oder parawissenschaftlichen Thema überhaupt angenommen wurde, war zur damaligen Zeit eine Ausnahme in Deutschland.

So wie in den Märchen grundsätzliche Eigenschaften der menschlichen Seele symbolisiert sind, so sind in den Symbolen der Astrologie grundlegende Eigenschaften des Lebens symbolisiert. Symbole wirken auf unsere Seele, und unser Leben ist eingebunden in kosmische Rhythmen, ist aber durch diese Rhythmen nicht festgelegt. Ein Einfluss wirkt nur dann, wenn ein Mensch empfänglich dafür ist, also wenn er diesem Einfluss eine Bedeutung beimisst. Die Macht der Symbole liegt also, wie C.G. Jung schon feststellte, in unserer ‚Resonanz' für ihre Bedeutung.

Die Symbole der Astrologie versinnbildlichen grundlegende Eigenschaften des Lebens, wie sie auch schon von den Biologen Francé und Bertalanffy formuliert wurden. Die Astrologie benutzt zur Beschreibung dieser Eigenschaften Analogien und Gleichnisse.

Francé hatte durch seine Studien sieben Weltgesetze (Prinzipien) formuliert, die sich mit den astrologischen Archetypen der sieben Himmelskörper decken!

- Mond – Funktionalität
- Sonne – Entität
- Merkur – Ökonomie
- Mars – Selektion
- Venus – Harmonie
- Jupiter – Optimum
- Saturn – Integration

In Übereinstimmung mit C. G. Jung und seiner tiefgreifenden Forschung werden diese Prinzipien oder Kräfte der Natur Archetypen genannt. Das Wort Arche stammt aus dem Altgriechischen, und bedeutet Ursprung oder Quelle der Handlung. In der nachfolgenden Beschreibung der einzelnen Archetypen habe ich versucht, die Allgemeingültigkeit jedes Prinzips so prägnant wie möglich zu formulieren.

Die Prinzipien charakterisieren die Lebensinhalte, die sowohl für den Menschen, das Tier und die Pflanzenwelt gültig sind.

Archetyp Funktionalität

Bezieht sich auf das autonome Nervensystem, und die Kontrolle aller unbewussten, unfreiwilligen Prozesse wie z.B. die Atmung und den Herzschlag. Es ist die Aufrechterhaltung des Organismus als System, seiner lebenswichtigen Funktionen und aller unbewussten Prozesse. Es nimmt Anregungen von der Umgebung auf und umfasst das Beeindruckt werden um darauf reagieren zu können.

Archetyp Entität

Das zentrale System, die Energiequelle, die Entität und das Wesen, die Urkraft, das formbildende Prinzip, das zentrale Wesen eines Organismus. Das ganzheitliche Prinzip, dass in jedem Teil das Ganze enthalten ist. Die Gene, die die Informationen für den gesamten Organismus enthalten. Eine Idee (der geistige Ursprung) wird in der physischen Welt abgebildet. Die Kraft, die die Idee in die Form bringt.

Archetyp Ökonomie

Die Grundidee der Ökonomie drückt sich in Effizienz aus. Die Funktion der Navigation in der Umgebung. Das Wahrnehmen, Erkennen und Unterscheiden. Reize teilen, differenzieren und klassifizieren. Das Zentralnervensystem und die effiziente Anpassung an die Umwelt. Signale und Informationen kommunizieren und austauschen. Der Lernprozess funktioniert als Optimierungswerkzeug. Intelligente Mittel und Wege, um ein Ziel zu erreichen.

Archetyp Harmonie

Die Balance und das Verhältnis zwischen Chaos und Ordnung. Der Rhythmus und die Homöostase um ein Zentrum erzeugen Wohlbefinden und Vergnügen. Die Vermehrung, das Ausbreiten und das Belohnungssystem, um das optimale Niveau zu finden, wirken auf das psychologische Gleichgewicht.

Archetyp Selektion

Den verfügbaren Platz teilen. Die Kraft und der Impuls, um sich zu behaupten und durchzusetzen. Das eigene Interesse am Leben durchsetzen. Die Selbstbehauptung, Konfliktbereitschaft und der Überlebenskampf.

Archetyp Optimum

Der Antrieb, um die optimale Entwicklung eines eigenen Systems zu erreichen. Die Kraft, die das Entfalten, Wachsen, Ausbreiten und Ausdehnen durchdringt. Alle gegebenen Ressourcen müssen sich entfalten. Der Drang, alle Facetten zur Reife zu bringen.

Archetyp Integration

Die Funktion des Schmerzes als Überlebensprinzip des Organismus. Der Schmerz wird verwendet, um die Integrität des Organismus sicherzustellen. Durchhalten, innere Stabilität und die Verteidigung gegen feindliche Einflüsse. Der Widerstand gegen Strukturänderungen. Die Anpassung an Regeln und die Existenz der Gruppe hängt von einer funktionierenden Ordnung ab.

Die kollektiven Zyklen

Wie wir bereits festgestellt haben, durchdringen diese Archetypen nicht nur einzelne Lebewesen, sondern auch Gruppen, Städte, Regionen, Länder, sowie zeitliche Abläufe von wenigen Sekunden, über Jahre bis zu Generationen und Epochen. Um kollektive und damit langfristige Prognosen ebenso wie wiederkehrende Rhythmen besser zu erkennen, bedient sich die Astrologie drei weiterer Archetypen.

Ihre zugewiesenen Eigenschaften korrelieren mit der Zeitqualität ihrer Entdeckung. Es handelt sich dabei um die Planeten:

- Uranus – Mutation
- Neptun – Partizipation
- Pluto – Metamorphose

1781 entdeckte der britische Musiker und Astronom William Herschel[30] einen neuen Planeten im Sonnensystem, den er Uranus taufte. Uranus benötigt 84 Jahre um die Sonne zu umrunden, daher wirkt er auf kollektiver Ebene und beeinflusst Generationen. Die Entdeckung von Uranus erfolgte zu der Zeit der Amerikanischen, Französischen und der Industriellen Revolution.

Der deutsche Astronom Johann Galle entdeckte den Planeten Neptun, der eine 165-jährige Umlaufbahn um die Sonne beschreitet. Zeitlich fiel die Entdeckung mit der raschen und globalen Verbreitung des Spiritualismus zusammen. Dem Aufschwung utopischer sozialer Ideologien, und der Verbreitung des Transzendentalismus[31] sowie die Entstehung der Theosophie.

Nachdem in der Umlaufbahn von Neptun und Uranus Diskrepanzen beobachtet wurden, schlug der Astronom Percival Lowell[32] die Existenz eines weiteren Planeten vor, was 1930 zur Entdeckung von Pluto durch Clyde Tombaugh[33] führte. Seine Umlaufbahn um die Sonne beträgt 248 Jahre, und repräsentiert damit die langfristigsten kollektiven Veränderungen.

Als Phänomen der Synchronizität kennen wir die Entdeckung der Kernspaltung und die Freisetzung von Atomkraft sowie den weitverbreiteten kulturellen Einfluss der Evolutionstheorie und der Psychoanalyse.

Diese drei kollektiven Prinzipien repräsentieren die tieferen transpersonalen Muster menschlicher Erfahrung, und entziehen sich der Selbstregulation des Individuums. Deshalb werden diese drei Archetypen zunehmend relevanter, da die Welt ‚vereint' und das alte Paradigma der ‚Trennung' durch das neue Paradigma der ‚Einheit' ersetzt wird. Wie Sie in den nachfolgenden Beschreibungen erkennen, stellen sie eine große Herausforderung dar, weil sie den Menschen auffordern über sich selbst hinauszuwachsen.

Archetyp Mutation

Die Mutation ist die Veränderung von Genen, die das Erscheinungsbild der Form beeinflussen. Ein radikaler Sprung und eine plötzliche Veränderung für eine bessere Anpassung an die Umwelt. Die Verbesserung bestehender Fähigkeiten, oder die Erschaffung gänzlich neuer Fähigkeiten, um sich damit besser an die Umwelt anzupassen. Auch eine radikale Veränderung der Lebensbedingungen.

Assoziationen:

- Plötzliche Umbrüche / Regelbrüche
- Erfindungen / Elektrizität / Innovationen
- Umstrukturierung / Reformen
- Geniale Geistesblitze / Utopien
- Unkonventionalität / Freiheit
- Sprunghaftigkeit
- Kommunikation
- Mutationen

Archetyp Partizipation

Partizipation bedeutet die Verbundenheit mit dem ganzen Kosmos. Das instinktive oder intuitive Wissen, zu einem größeren Ökosystem zu gehören und mit ihm verbunden zu sein. Die Erfahrung, dass alles miteinander verbunden ist, und gleichzeitig Teil von sich selbst ist. Es bedingt auch die Möglichkeit zur Selbstaufopferung für die

Erhaltung der eigenen Art.

Assoziationen:

- Sehnsucht / Erlösung / Sucht und Suche
- Fundamentalismus / Kommunismus / Sozialismus / Populismus
- Selbstauflösung / Transzendenz / Demut / Altruismus
- Einheit / Verbindung zu einem göttlichen Ursprung
- Täuschung / Illusion / Verwirrung und Abhängigkeit
- Auflösung des vordergründig Sichtbaren

Archetyp Metamorphose

Die Metamorphose beinhaltet den Tod als Nutzen und Voraussetzung für die weitere evolutionäre Entwicklung. Zerstörung und Auflösung der Ordnung durch Transformation sind notwendig, um Neues zu schaffen.

Assoziationen:

- Tiefgehende Wandlungen / radikaler Bruch
- Machtverhältnisse / Machtmissbrauch / Manipulation
- Stirb und Werde Prozess / Unsterblichkeit
- Fähigkeit zu Regeneration
- Schattenintegration / Selbstverwirklichung
- Krisen / Katastrophen / Epidemien / Destruktivität
- Atomkraft und Gentechnologie

- Idealismus / Opferbereitschaft
- Bedingungsloser Einsatz für ein höheres Ziel

Wie Sie an den einzelnen Beschreibungen erkennen können, hat die Astrologie nicht im Entferntesten mit festlegenden Charaktereigenschaften zu tun, wie sie in vielen Boulevardzeitschriften zu lesen sind. Diese oftmals trivialen, von der einschlägigen Presse verwendeten Begriffe, haben unter anderem dazu geführt, dass viele Menschen die Astrologie heute grundsätzlich ablehnen, ohne sie jemals inhaltlich wirklich verstanden zu haben.

Zeitepochen und Zukunftsprognose

Alle zehn Archetypen interagieren mit der menschlichen Seele und beeinflussen, wie wir fühlen, denken und handeln. Sie manifestieren sich in uns als Impulse, Bilder und Ideen, und spiegeln sich in Formen und Ereignissen in der Außenwelt. Archetypen sind intrinsische Bestandteile des Lebens. Sieben davon repräsentieren persönliche Kräfte und drei kollektive Kräfte. Die Parallelen zwischen Planetenbewegungen und den Mustern menschlicher Handlungen und Ereignissen ist ein System der Entsprechungen und Übereinstimmungen.

Diese Synchronizität zeigt die grundlegenden Strukturen menschlicher Erfahrung auf.

Durch die Kombination der verschiedenen Umlaufzeiten der fünf langsamsten Planeten Jupiter, Saturn, Uranus, Neptun, und Pluto ergeben sich zeitlich wiederkehrende Rhythmen, die im Volksmund auch als Epochen, Zeitalter oder Ära bezeichnet werden. Es ergeben sich insgesamt zehn Zyklen, die ich hier gemäß ihrer zeitlichen Dauer in absteigender Reihenfolge aufgeführt habe:

- Pluto-Neptun (ca. 492 Jahre)
- Neptun-Uranus (ca. 172 Jahre)
- Pluto-Uranus (ca. 127 Jahre)
- Uranus-Saturn (ca. 45 Jahre)
- Neptun-Saturn (ca. 36 Jahre)
- Pluto-Saturn (ca. 31-38 Jahre)
- Saturn-Jupiter (ca. 20 Jahre)
- Uranus-Jupiter (ca. 14 Jahre)
- Neptun-Jupiter (ca. 13 Jahre)
- Pluto-Jupiter (ca. 12 Jahre)

Die epochale Konstellation von 2020

Der längste Zyklus ist jeweils von übergeordneter Bedeutung und dies betrifft den Saturn/Pluto-Zyklus, der sich mit der Konjunktion vom 12. Januar 2020 erneuerte. Wie Sie der Tabelle oben entnehmen können, dauert dieser Zyklus im Durchschnitt 34 Jahre, und umfasst daher eine ganze Generation.

Im Zeitraum von April bis November 2020 haben wir eine Jupiter/ Pluto Konjunktion[34] (Zusammenfall) mit einer Zykluszeit von etwa 12 Jahren. Am 21. Dezember 2020, steht zudem eine Erneuerung des Jupiter/Saturn Zyklus durch eine Konjunktion mit einem 20 Jahre-Zyklus an.

Eine Kombination dieser drei Zyklen in nur einem Jahr finden wir relativ selten, deswegen können wir das Jahr 2020 als eine Zeitenwende bezeichnen. Alle drei Zyklen greifen ineinander, und die folgenden Aussagen überlagern sich dadurch im Zeitgeschehen.

Restrukturierung – Neue Regeln und Normen

Mit der Konstellation von Saturn/Pluto werden neue Regeln und Normen entwickelt, die die nächsten 34 Jahre Bestand haben sollen. Da beide Archetypen eine gewisse Inflexibilität symbolisieren, werden Lösungen nicht ohne Konflikte ablaufen.

Es geht um Einschränkungen, Knappheit, Uneinsichtigkeit, Staatsgewalt und bestehende Gesetze. Manchmal braucht es eine Katastrophe oder eine Tragödie damit wir starre und festgefahrene Meinungen ändern.

Diese Zeitepoche neigt zur Feindbildprojektion, zur Ablehnung und zum Widerstand. Da wir hier auch das Thema Transformation vorfinden, geht es letztendlich um unsere inneren Feinbilder, die wir nach Außen projizieren. Es sind Schmerzen, Enttäuschungen und Lieblosigkeit in unserem eigenen Inneren, die wir erkennen und auflösen sollten.

Dieser Zyklus, der uns die nächsten 34 Jahre begleitet, hat auch mit Machtkonflikten zu tun, die sich zumeist in der Wirtschaft und im Finanzwesen zeigen, und bis zum Streit über die Weltherrschaft eskalieren können. Als sich dieser Zyklus das letzte Mal im Jahre 1982 ereignete, ging mit dem Tod von Leonid Breschnew die Ära der Sowjetunion als große Herausforderung der USA zu Ende. Nach dem Fall der Sowjetunion entfaltete sich unter Deng Xiaoping die Wirtschaftsentwicklung Chinas exponentiell.

Wirtschaftliche und finanzielle Erschütterungen im Jahre 2020 sind daher wahrscheinlich, und wurden bereits durch die weltweite Coronaepidemie initiiert. Amerika kämpft schon seit Längerem mit Handelsembargos, vor allem gegen China, um seine Weltvorherrschaft nicht zu verlieren.

Machtmissbrauch und Mechanismen der Bereicherung werden aufgedeckt, und das bestehende Finanzsystem wird infrage gestellt. Wahrscheinlich wird der Dollar als ‚Leitwährung' endgültig zu Grabe getragen, und wir erhalten bis 2025 ein neues, digitales auf Kryptotechnologie[35] basierendes Zahlungssystem.

Es geht darum Veränderungen in Strukturen, Gesetzen und Denkweisen voranzutreiben. Die Verantwortung dafür zu übernehmen und die Wandlungsprozesse aktiv zu gestalten. Diese Konstellation ist der Beginn einer neuen Zeitepoche, auch wenn sich ihre Auswirkungen erst in den kommenden Jahren zeigen werden.

Wer sich für historische Ereignisse dieses Zyklus interessiert, der findet bei Georg Stockhost[36] eine detailliert Aufstellung.

Geistige Neuausrichtung und Ideologisierung

Der zweite Zyklus von ungefähr 12 Jahren, der sich zwischen April und November 2020 erneuert, dreht sich wiederum um Pluto – allerdings dieses Mal in Kombination mit Jupiter. Zum einen geht es um Wachstum, Ausdehnung und Fülle, welches das Prinzip des Jupiters repräsentiert. Zum anderen um Transformation, tiefe Veränderung, Wandlung von Unbrauchbarem, Krisen, Macht/Ohnmacht und Schattenthemen, die dem Prinzip Pluto zugesprochen werden.

Die größte Aufmerksamkeit gilt aktuell immer noch dem stetigen Wachstum und der wirtschaftlichen Expansion. Es geht immer noch um mehr Umsatz, und noch mehr Möglichkeiten Waren zu kaufen und zu verkaufen. Andererseits stellt sich auch immer mehr die Frage um Nachhaltigkeit, Echtheit und tiefergehenden, dauerhaften Werten. Viele dieser Werte sind im ‚Rauschen' der Presse und der Informationsflut untergegangen, und werden nun durch diesen neuen Zyklus wieder langsam ans Licht gebracht.

Der Jupiter/Pluto Zyklus steht auch für Überschätzungen der eigenen Möglichkeiten, welche schnell zur Gefahr von Zusammenbrüchen und Konkursen führen. Im Dezember 2007 hatten wir das letzte Mal diese Konstellation, und die Finanz- und Wirtschaftskrise im Jahr 2008 folgte darauf.

Auch am Tiefpunkt der Großen Depression im Mai 1931 war diese Konstellation vorhanden.

Der Status vieler Experten wird wieder vermehrt und eingehender geprüft. Coole Werbesprüche werden hinterfragt, weil zunehmend mehr Menschen misstrauischer werden, Fakten und Nachweise sehen wollen. Der schnelle Aufstieg mithilfe von Floskeln und Mundpropaganda zum Facebook oder ‚Instagram-Experten' wird verschwinden. Es werden wieder nachvollziehbare Tatsachen und langjährige Erfahrungen gefragt sein. Was in dieser Zeit wachsen will, braucht sehr tiefe Wurzeln.

Neue politische, soziale und moralische Regeln entstehen. Es gilt sich wieder auf das Wesentliche zu konzentrieren und anzuerkennen, dass wir nur eine befristete Lebenszeit haben, die wir für das nutzen sollen, was uns wirklich wichtig ist.

Geistige Erneuerung – Mehr Freiheit im Informationszeitalter

Der dritte Zyklus beginnt am 21.12.2020, wenn Jupiter und Saturn eine Konjunktion im Wassermann bilden. Dieser Zyklus wird auch ‚Große Konjunktion' genannt, und dauert zwanzig Jahre. Allerdings kann man hier auch von einem neuen 200 Jahre-Zyklus sprechen, da sich alle neuen Zyklen nun im Luftelement statt im Erdelement abspielen.

Seit 1802 ereigneten sich die Großen Konjunktionen in den Erdzeichen. Ein solcher Wechsel kündigt einen neuen Entwicklungsabschnitt in der Gesellschaft an. Allerdings sind dies sehr langsame kollektive Prozesse, deren Folgen sich erst nach Jahren oder sogar Jahrzehnten zeigen.

Das Erdelement steht für die materielle Ebene, für Besitz, Handel, Produktion, Versorgung und Sicherheit. Das Luftelement hingegen für Kommunikation, Informationsaustausch, Geschwindigkeit, Vernetzung sowie eine Ausrichtung auf das Geistige.

Es ist der endgültige Übergang vom Industrie-Zeitalter zur Informationsgesellschaft, welcher 1980 mit der massiven Verbreitung des Internets eingeleitet wurde. Wir kommen nun in eine Phase, in der die materialistische Grundhaltung nicht länger das wesentliche Kriterium darstellt, sondern Ideen, Konzepte, Vernetzung und Kommunikation die Hauptrolle spielen.

Freiheit, Wahrheit und demokratische Werte könnten nach einer etwas ,finstereren' Zeit allmählich wieder besser greifen.

Als sich dieser große Zyklus das letzte Mal im Luftelement ereignete, florierte der freie Handel ab dem 13. Jahrhundert. Die übergreifenden Monopolisierungen in der Wirtschaft werden zu einem Ende kommen. Es sind daher auch Zerschlagungen von bislang marktdominierenden Unternehmen wie Google und Facebook wahrscheinlich. Auf der anderen Seite werden aber auch viele neue Firmen entstehen, deren Hauptgeschäft die Verarbeitung, Analyse und Neustrukturierung von Daten ist.

Es könnte sich ein Übergang vom Bargeld zum elektronischen Geld[37] ergeben. Denkbar ist eine Art Bürgereinkommen oder Grundeinkommen für die Übergangszeit. Wussten Sie, dass noch kein einziges Währungssystem, das auf Papiergeld basierte, überlebte? In seiner Analyse ,Paper Money versus Gold Money[38], untersuchte Vincent Cate 599 Papiergeldsysteme weltweit, die in den letzten 1.000 Jahren eingeführt wurden.

Davon endeten 156 Währungssysteme in der Hyperinflation, und 165 wurden durch Kriege ausgelöscht. Die durchschnittliche[39] Lebensdauer eines ungedeckten Papiergeldsystems (Fiat-Währung[40]) beträgt nach Vincent Cate gerade einmal 38 Jahre.

Auch der Euro, der 1999 erst erschaffen wurde, basiert auf diesem Papiergeldsystem.

Die bisherige Wissenschaft wird nicht mehr im Alleingang festlegen können, was wahr ist und was nicht. Die Spiritualität, mit ihren längst vorhandenen Erkenntnissen und metaphysischen Gesetzen, wird wieder stärker in den Vordergrund treten. Im Automobilbereich erleben wir wahrscheinlich den endgültigen Durchbruch des Elektromotors, der in den nächsten 10-20 Jahren den Verbrennungsmotor komplett ablöst.

Da Umweltschutz und Klimawandel einen immer größeren Stellenwert im öffentlichen Leben bekommen, ist dieser Generationswechsel unabwendbar. Die Problematik der noch teuren, umweltbelastenden und kapazitätsarmen Lithium-Batterien wird in den nächsten Jahren durch Graphen[41] (modifizierter Kohlenstoff), oder anderen besseren Materialien gelöst werden. Industrie und Politik werden sich aufgrund der wirtschaftlichen Rezession gezwungen sehen, massive Preisnachlässe und Fördergelder bereitzustellen, und außerdem in kürzester Zeit ein flächendeckendes Elektro-Tankstellennetz aufzubauen.

Sie sehen, da kommt einiges auf uns zu...

Nachwort

Seien Sie mal ehrlich, haben Sie nicht auch in den letzten Jahren bemerkt, wie wir langsam aber sicher auf einen riesigen Eisberg zusteuern? Das tägliche Leben wirkte beschleunigt, mit mehr Stress und weniger Freizeit und der Wohlstands-Status[42] rutschte langsam ab. Viele spürten schon, dass es so nicht mehr lange weiter gehen kann. Der wirtschaftliche Druck, das Nullsummenspiel der Politik, und der moralische Verfall der Gesellschaft zeichneten bereits ein klares Bild einer Sackgasse.

Lösungen werden nicht entstehen, wenn wir unsere Aufmerksamkeit beharrlich auf das Problem fixieren und Schuldige suchen. Die Zeit der Selbstständigen und der innovativ Lösungsorientierten ist angebrochen. Junge, dynamische und flexible Unternehmen, die nicht nur ihr eigenes Interesse und den Profit im Auge haben, sondern das Wohl der ganzen Menschheit.

Matthias Horx[43] schreibt in seinem Buch 15 1/2 Regeln für die Zukunft: „Ohne einen spirituellen Zugang zur Welt lassen sich unsere inneren Paradoxien und Leidensprozesse auf Dauer nicht im Zaum halten.

Ich würde sogar so weit gehen zu behaupten, dass ohne Spiritualität die Depression droht. Wer sich nicht als Teil größerer Zusammenhänge fühlen kann, driftet früher oder später in die Angst[44] ab, denn Angst stammt aus Einsamkeit."

Gratis Hörbuch

Wussten Sie, dass Einsteins wichtigste Entdeckung nicht die Relativitätstheorie war? Erfahren Sie sein erstaunliches Geheimnis und damit den Schlüssel für Freiheit und Erfüllung in Ihrem Leben. Holen Sie sich jetzt das kostenloses Hörbuch!

Bitte diese Webseite notieren und in Ihrem bevorzugten Browser eingeben:

thomasherold.com/audiobuch-geschenk

Weitere Bücher von Thomas Herold

Einsteins Wichtigste Erkenntnis
Warum die Antwort auf eine einzige Frage
Ihr Leben entscheiden kann

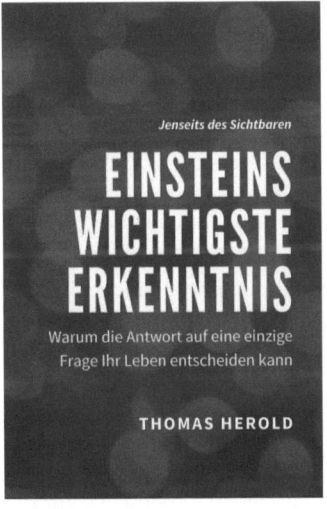

Wussten Sie, dass Einsteins wichtigste Entdeckung nicht die Relativitätstheorie war? Erfahren Sie sein erstaunliches Geheimnis und damit den Schlüssel für Freiheit und Erfüllung in Ihrem Leben. Diese Antwort – ob bewusst oder unbewusst getroffen – beeinflusst alle

Aspekte Ihres Lebens! Sie prägt das allgemeine Lebensgefühl und Ihre Grundhaltung zum Leben selbst.

Würde ich Ihnen jetzt unmittelbar diese elementare Frage auf dem silbernen Tablett präsentieren, dann wäre das etwa so, als ob ich Ihnen nur die letzte Seite eines überaus spannenden Romans zu lesen gäbe. Stellen Sie sich vor, Sie sehen nur die letzten fünf Minuten eines spannenden Krimis. Sie werden keinerlei Bezug zum Film haben. Der tiefere Sinn, die Zusammenhänge, und der emotionale ‚Spaßfaktor' bleiben auf der Strecke.

In diesem Buch werden Sie Einsteins wichtigste Entdeckung erfahren. Eine Entdeckung die für Jahrzehnte verborgen blieb und es vor kurzer Zeit veröffentlicht wurde.

Einsteins wichtigste Erkenntnis ist die Grundlage, aus der sich Ihr Lebensziel ergibt:

- Ein Ziel, das niemals mit einem anderen Ziel in Konflikt steht
- Ein Ziel, das Sie Ihr Leben lang begleitet
- Ein Ziel, das Sie motiviert ohne sich motivieren zu müssen
- Ein Ziel, das Ihnen Sicherheit und Vertrauen schenkt
- Ein Ziel, das Sie niemals vergessen werden
- Ein Ziel, das Sie mit anderen Menschen auf tiefster Ebene verbindet
- Ein Ziel, das eine dauerhafte Quelle für Inspiration und Freude ist

Wie finde ich mein Ziel im Leben am besten heraus?

Erfolgreiche Ziele, und solche die auch die meiste innere Zufriedenheit mit sich bringen, sind Ziele die über Ihre Person hinausgehen. Je mehr das Ziel andere mit einschließt, und je mehr das Ziel anderen dient, desto erfüllter werden Sie sein.

Anstatt Sie also mit endlosen Zielvariationen und Zielsystemen zu konfrontieren, möchte ich Sie auf eine Reise mitnehmen, an deren Ende Sie genau wissen, was das wichtigste Ziel (Entscheidung) in Ihrem Leben ist.

Erhältlich bei Amazon als E-Buch, Taschenbuch und Hörbuch.

Moderne Geldschöpfung

Geld aus dem Nichts und der Zinstrick der Zentralbanken

Fragen Sie sich gelegentlich auch warum alles ständig teurer wird? Warum Wohnraum in den letzten Jahren unbezahlbar geworden ist, und weshalb Ihr Geld auf der Bank täglich weniger wird?

Schafft Geld Wohlstand?

Seit der Corona-Krise laufen die Druckpressen aller Zentralbanken heiß. Es wird weltweit mehr Geld gedruckt als je zuvor, und das weltweite Finanzsystem steht vor der größten Herausforderung seiner Geschichte. Der Finanzcrash 2008 war bereits ein Indikator für die kommende Endphase.

Wenn Banken zusätzliches Geld drucken, ohne das mehr Waren und Dienstleistungen zur Verfügung stehen, dann wird das gesamte Geld auf dem aktuellen Markt abgewertet. Es bedeutet, dass Sie plötzlich weniger kaufen können, selbst wenn der Euroschein in Ihrer Hand denselben Wert zeigt.

Dieser Prozess wird Inflation genannt, und ist das Hauptinstrument der Banken, um Geld aus dem Nichts zu verdienen. Es ist außerdem die wirksamste und auch hinterlistigste Art Ihr Geld zu entwerten, und nichts anderes als Betrug.

Wie entsteht modernes Geld?

Die Geldschöpfung im 21. Jahrhundert ist mittlerweile äußerst komplex geworden, und Sie werden nur mit erheblichem Zeitaufwand und größter Anstrengung durchschauen, wie sie im Detail funktioniert.

Wäre es einfach zu durchschauen, dann würde das Vertrauen in unser modernes Geld noch schneller als bisher schwinden, und ein globaler Aufstand gegen das bestehende Geldsystem würde sich beschleunigen.

Wie moderne Geldschöpfung genau funktioniert, und weshalb wir vor der größten Revolution in der Geschichte des Geldes stehen, erfahren Sie in diesem Buch.

Erhältlich bei Amazon als E-Buch, Taschenbuch und Hörbuch.

Anmerkungen

[1] https://www.spiegel.de/politik/deutschland-und-die-wirtschaft-die-fetten-jahre-sind-vorbei-a-00000000-0002-0001-0000-000163834390

[2] https://www.sueddeutsche.de/wirtschaft/auto-milliardenabschreibung-reisst-continental-in-die-roten-zahlen-dpa.urn-newsml-dpa-com-20090101-191022-99-398703

[3] https://de.wikipedia.org/wiki/Geschichte_des_Automobils

[4] https://www.horx.com/51-das-neue-normal

[5] https://thomasherold.com/metaebene-geld/

[6] https://www.amazon.de/Prognostik-03-Trends-Zyklen-Zeit/dp/3946495133

[7] https://schuledesrades.org/public/iging/buch/

[8] https://de.wikisource.org/wiki/Richard_Wilhelm

[9] http://www.sonnenkraefte.de/tarotkarten-und-ihre-herkunft/

[10] https://de.wikipedia.org/wiki/Papus

[11] http://calleman.com/books/

[12] http://www.mayanmajix.com/

[13] https://amazingtemples.com/de/mayakalender-de/der-mayakalender-teil-1-einfuehrung/

[14] https://das-goldene-tor.de/ichbin/der-maya-kalender-eine-einfuehrung/

[15] https://www.amazon.de/Prognostik-03-Trends-Zyklen-Zeit/dp/3946495133

[16] https://de.wikipedia.org/wiki/Leonardo_Fibonacci

[17] https://de.wikipedia.org/wiki/Raoul_Heinrich_Franc%C3%A9

[18] https://de.wikipedia.org/wiki/Mimesis

[19] https://www.zvab.com/buch-suchen/titel/das-buch-eines-lebens/autor/france/

[20] https://archive.org/details/biosdiegesetzede02fran/page/272/mode/2up

21 https://de.wikipedia.org/wiki/Holismus

22 http://profhof.com/selbstorganisierende-systeme/

23 https://www.astrologie-zentrum.net/index.php/de/8-siderischer-tierkreis/6-siderischer-und-tropischer-tierkreis

24 https://www.astro.com/astrowiki/de/Halbsumme

25 https://witte-verlag.com/index.php

26 https://www.thomas-ring-stiftung.de/thomas-ring/

27 https://www.doebereiner.com/muenchner-rhythmenlehre

28 https://www.astrodata.com/

29 https://www.amazon.de/Astrologie-Eine-Einf%C3%BChrung-Peter-Niehenke/dp/3379017051

30 https://de.wikipedia.org/wiki/Wilhelm_Herschel

31 https://de.wikipedia.org/wiki/Transzendentalismus

32 https://de.wikipedia.org/wiki/Percival_Lowell

33 https://de.wikipedia.org/wiki/Clyde_Tombaugh

34 https://www.astro.com/astrowiki/de/Konjunktion

35 https://thomasherold.com/metaebene-geld/

36 https://astrologicalworldmap.com/de/2016/05/20/die-saturn-pluto-konjunktion-2020/

37 https://thomasherold.com/metaebene-geld/

38 http://pair.offshore.ai/38yearcycle/

39 https://www.investor-verlag.de/boersen-wissen/ueber-die-analyse-von-599-papier-geldsystemen/

40 https://thomasherold.com/metaebene-geld/

41 https://de.wikipedia.org/wiki/Graphen

42 https://thomasherold.com/metaebene-geld/

43 https://www.horx.com/39-Mein-neues-Buch/

44 https://thomasherold.com/meta-ziel-leben/